Richard Scarry's
Best **Word** Book Ever
El mejor libro de **palabras** de Richard Scarry

moth
la polilla

moose
el alce

Luna Rising
*A Bilingual Imprint
of Rising Moon*

moss
el musgo

mouse
el ratón

mushroom
el hongo

curtains
las cortinas

sun *el sol*

window
la ventana

THE NEW DAY
It is the morning of a new day.
The sun is shining.
Kenny Bear gets up out of bed.

DE MAÑANITA
Ha comenzado un nuevo día.
Ya ha salido el sol.
El oso Kenny se levanta de la cama.

washcloth
la toalla para la cara

soap
el jabón

towel
la toalla

toothbrush
el cepillo de dientes

toothpaste
la pasta de dientes

comb
el peine

mirror
el espejo

pajamas
el pijama

First he washes his face and hands.
Primero se lava la cara y las manos.

Then he brushes his teeth.
Luego se cepilla los dientes.

He combs his hair.
Se peina.

shirt
la camisa

pants
el pantalón

He dresses himself.
Se viste.

He makes his bed.
Tiende su cama.

He goes to the kitchen
to eat his breakfast.
Va a la cocina a desayunar.

Kenny Bear sits in his favorite chair.
El oso Kenny se sienta en su silla preferida.

He is very hungry. This is what he eats—
Tiene mucha hambre. Esto es lo que come:

cold fruit juice
el jugo de fruta frío

warm cereal
el cereal calentito

cool milk
la leche fría

pancakes
los panqueques

with butter and maple syrup
con mantequilla y jarabe de arce

He doesn't eat the toaster.
No se come la tostadora.

fried eggs
los huevos fritos

bacon
el tocino

toast
las tostadas

muffins
los muffins

honey
la miel

jam
la jalea

hot cocoa
la cocoa caliente

with cream
con leche

and a waffle.
y un wafle.

When he finishes eating breakfast he helps wash and dry the dishes.
Cuando termina de desayunar, ayuda a lavar y a secar los platos.

cup
la taza

saucer
el platito

plate
el plato

bowl
el plato hondo

fork
el tenedor

knife
el cuchillo

spoon
la cuchara

glass
el vaso

jar
el frasco

pitcher
la jarra

frying pan
la sartén

lid
la tapa

pot
la olla

pan
el molde

juice squeezer
el exprimidor

bottle
la botella

glass
la copa

Now he is ready to play with his friends.   *Ahora está listo para jugar con sus amigos.*

THE RABBIT FAMILY'S HOUSE

Father Rabbit, Mother Rabbit, and the Rabbit children are getting ready for the new day. Their friend Owl is waiting for the children to come outside. Can you find him?

LA CASA DE LA FAMILIA CONEJO

Papá Conejo, Mamá Conejo y sus conejitos se preparan para comenzar el día. Su amigo Búho está esperando que salgan los niños. ¿Ves dónde está?

lamp
la lámpara

mirror
el espejo

chimney
la chimenea

roof *el techo*

bed
la cama

Big Brother's
bedroom
*el dormitorio del
hermano mayor*

kitchen
la cocina

cupboard
el aparador

dining room
el comedor

sink
el fregadero

Father
el papá

table
la mesa

back door
la puerta de atrás

axe
el hacha

stove
la estufa

Mother
la mamá

chair
la silla

flo
el p

lawn
el césped

birdbath
la alberquilla

4
woodpile
la pila de leños

owl
el búho

WHOO
UU-O

smoke
el humo

antenna
la antena

light switch
el interruptor de luz

television set
el televisor

ottoman
el taburete

Mickey
Mickey

bunk bed
la litera

Molly
Molly

bathroom
el cuarto de baño

bedroom
el dormitorio

upstairs hall
el corredor de la planta alta

front door
la puerta del frente

living room
la sala

candle
la vela

outside
light
la luz
de
afuera

telephone
el teléfono

fireplace
la chimenea

picture el cuadro

stairs
la
escalera

sofa or couch
el sofá o sillón

front
hall
el vestíbulo

doormat el felpudo

stone walk
el caminito de piedras

rug
la alfombra

window
la ventana

5

PAINTING AND DRAWING WITH COLORS

Painting and drawing are fun. You can use bright colors. You can paint with brushes or even your fingers. You can draw with crayons or pencils. What do you like to draw?

PINTAR Y DIBUJAR CON COLORES

Pintar y dibujar es divertido. Puedes usar colores brillantes. Puedes pintar con pinceles y hasta con los dedos. Puedes dibujar con creyones o con lápices. ¿Qué te gusta dibujar?

finger painting
pintar con los dedos

paper
el papel

make orange
hacen el anaranjado

make green
hacen el verde

make violet
hacen el violeta

make pink
hacen el rosado

make gray
hacen el gris

make brown
hacen el marrón

pencil
el lápiz

eraser
el borrador

pencil drawing
dibujar con lápiz

Library Week
Semana de la biblioteca

water dish
el plato para el agua

watercolors
las acuarelas

poster paint
la pintura para carteles

smock
el guardapolvo

paintbrushes
los pinceles

crayons
los creyones

pastels
los pasteles

6

TOYS

Sometimes it is fun to play by yourself.
Sometimes it is fun to play with your friends.
What are your favorite toys?
Do you like to play with blocks?

LOS JUGUETES

A veces es divertido jugar solo.
A veces es divertido jugar con tus amigos.
¿Cuáles son tus juguetes preferidos?
¿Te gusta jugar con cubos?

rocking horse
el caballito mecedor

tricycle
el triciclo

electric train
el tren eléctrico

truck and loader
el camión y la cargadora

blocks
los cubos

scooter
el patinete

glider
el planeador

robot
el robot

building set
el juego para construir

croquet
el croquet

7

AT THE PLAYGROUND

The children are all having fun doing different things.
Which children are doing the things you like best?

EL PARQUE DE JUEGOS

Todos los niños se están divirtiendo haciendo diferentes cosas.
¿Qué niños están haciendo las cosas que más te gustan a ti?

seesaw
el balancín

slide
el tobogán

leapfrog
el salto a la pídola

somersault
dar volteretas

hide-and-seek
el juego de las escondidas

rings
las anillas

swing
el columpio

ring-around-a-rosy
la ronda

jump rope
el salto a la cuerda

ladder
la escalera

sliding pole
el poste para deslizarse

top
el trompo

roller skates
los patines con ruedas

bubble blowing
hacer burbujas

kite
la cometa

jungle gym
la jaula de los monos

merry-go-round
el tiovivo

tag
la pega

jacks
el juego de los cantillos

ring toss
lanzar anillos

hoop rolling
hacer rodar el aro

marbles
las canicas

sandbox
el cajón de arena

kite string
el cordel de la cometa

bouncing ball
hacer rebotar la pelota

hopscotch
la rayuela

9

hammer
el martillo

nail
el clavo

pushpin
la chincheta

TOOLS

Everyone is very busy working with tools. What tools do you have in your house? What would you like to build?

LAS HERRAMIENTAS

Todos están muy ocupados trabajando con herramientas.
¿Qué herramientas tienes en tu casa?
¿Qué te gustaría construir?

axe
el hacha

ladder
la escalera

carpenter
el carpintero

drill
el taladro

board
la tabla

saw
el serrucho

sawdust
el aserrín

hacksaw
la sierra de arco

sandpaper
el papel de lija

vise
la prensa

plane
el cepillo

woodpecker
el pájaro carpintero

jigsaw
la sierra caladora

wood shavings
las virutas de madera

screwdriver
el destornillador

file
la lima

screws
los tornillos

pliers
las pinzas

bucksaw
la sierra de bastidor

trowel
la paleta

bricklayer
el albañil

hoe
la azada

brick
el ladrillo

brick wall
la pared de ladrillos

cement
el cemento

umber
la madera

fence painter
el pintor de cercas

paintbrush
la brocha

ball of twine
el ovillo de hilo

sawhorse
el burro para serrar

paint
la pintura

barrel
el barril

tack
la tachuela

tack hammer
el martillo para tachuelas

hatchet
la hachuela

ruler
la regla

folding ruler
la regla plegable

jackknife
la navaja de bolsillo

toolbox
la caja de herramientas

square
la escuadra

putty knife
la espátula

shovel
la pala

bolt
el perno

nut
la tuerca

dirt
la tierra

monky wrench
la llave inglesa

compass
el compás

wheelbarrow
la carretilla

pickaxe
el pico

glue
el pegamento

11

silo
el silo

weather vane
la veleta

scarecrow
el espantapájaros

crow
el cuervo

disc harrow
la rastra
de discos

tractor
el tractor

field
el camp

hayloft
el henal

barn
el granero

goat
la cabra

stall
el establo

milk can
el bidón de leche

tin can
la lata

pail
el cubo

farm truck
el camión de la granja

wagon
el carretón

hen
la gallina

rooster
el gallo

pigsty
el chiquero

baby chick
el pollito

Kathy Bear is going to
feed the pig.
*La osa Kathy va a
darle de comer
al cerdo.*

corncrib
el hórreo

haystack
el almiar

cow
la vaca

apple tree
el manzano

farmhouse
la casa de la granja

water pump
la bomba
de agua

meadow
el henar

fence
la cerca

sheep
la oveja

horse
el caballo

apple
la manzana

grass
el pasto

clothesline
la cuerda para colgar
la ropa

clothes basket
el canasto para la ropa

THE BEARS' FARM

The Bears are working hard on their farm.
What are they all doing? What is the duck doing?
What is the scarecrow supposed to be doing?
He is not doing it, is he?

Kenny Bear is going to
feed the chickens.
El oso Kenny va a darles
de comer a los pollos.

LA GRANJA DE LOS OSOS

Los osos están trabajando mucho en su granja.
¿Qué están haciendo todos? ¿Qué está haciendo el pato?
¿Qué se supone que debe estar haciendo el
espantapájaros? No lo está haciendo, ¿verdad?

chicken coop
el gallinero

mailbox
el buzón

well
el pozo
de agua

duck
el pato

duck pond
la charca del pato

ducklings
los patitos

bee
la abeja

pitchfork
la horquilla

beehive
la colmena

13

weather instruments
los instrumentos meteorológicos

blimp
el dirigible

microphone
el micrófono

control tower
la torre de control

helicopter
el helicóptero

AT THE AIRPORT
The air traffic controller is talking to the pilot of the jet passenger plane.
The controller is giving the pilot take-off instructions.

EN EL AEROPUERTO
El controlador de tráfico aéreo le está hablando al piloto del avión de pasajeros.
El controlador le está dando al piloto instrucciones para despegar.

waiting room
*la sala
de espera*

binoculars
los binoculares

baggage train
el remolcador de equipaje

tourist
el turista

observation deck
el mirador

camera
la cámara fotográfica

14

jet plane
el avión a chorro

wind sock
la manga de viento

runway
la pista

hangar
el hangar

runway lights
las luces de la pista

light plane
la avioneta

propeller
la hélice

mechanic
el mecánico

military jet plane
el avión militar

jet passenger
plane
*el avión de
pasajeros*

pilot
el piloto

tail
la cola

cockpit
*la cabina
del piloto*

baggage handler
el encargado del equipaje

flight attendant
la azafata

fuselage
el fuselaje

wing
el ala

baggage loader
*el transportador
de equipaje*

jet engine
el motor a chorro

passenger-loading stairs
la escalera para los pasajeros

meat cleaver
el hacha de carnicero

ham
el jamón

hook
el gancho

saw
la sierra

scales
la balanza

MEATS
CARNES

twine
el hilo

wrapping paper
el papel para envolver

pickle barrel
el barril con pepinillos encurtidos

butcher
el carnicero

bologna
el salchichón

frankfurters
las salchichas

hamburger
la carne picada

garbage pail
bote de basura

bacon
el tocino

chop
la chuleta

fish
el pescado

a piglet who wants to work in the super-market when she grows up
una cerdita que quiere trabajar en el supermercado cuando crezca

steak
el filete de res

cart
el carrito

sawdust
el aserrín

AT THE SUPERMARKET
The Pigs are buying groceries for their family. What would you like to buy next time you go to the market?
Would you like to buy a pickle?

EN EL SUPERMERCADO
Los cerditos están comprando comestibles para su familia.
¿Qué te gustaría comprar la próxima vez que vayas al mercado?
¿Te gustaría comprar un pepinillo encurtido?

shopper
el comprador

BOOKS   LOS LIBROS

customer
la clienta

orange juice
el jugo de naranja

raisins
las pasas de uva

money
el dinero

purse
el monedero

eggs
los huevos

milk
la leche

cashier
la cajera

ice cream
el helado

butter
la mantequilla

cash register
la caja

16

FRUITS
FRUTAS

pineapple
la piña

apples
las manzanas

oranges
las naranjas

pears
las peras

grapefruits
las toronjas

melons
los melones

grapes
las uvas

lemons
los limones

cherries
las cerezas

strawberries
las fresas

raspberries
las frambuesas

blueberries
los arándanos

plums
las ciruelas

bananas
los plátanos

scale
la balanza

grocer
la empleada

peaches
los duraznos

watermelon
la sandía

coconut
el coco

pumpkin
la calabaza

cabbage
el repollo

squash
la calabacita

cauliflower
la coliflor

asparagus
los espárragos

celery
el apio

carrots
las zanahorias

VEGETABLES
VERDURAS

corn
el maíz

lettuce
la lechuga

beans
las habichuelas

peas
los chicharos

tomatoes
los tomates

spinach
la espinaca

potatoes
las papas

beets
la remolacha

onions
las cebollas

cucumbers
los pepinos

turnip
el nabo

broom
la escoba

cookies
las galletas

sugar
el azúcar

cereal
el cereal

spaghetti
los espaguetis

canned food
los alimentos enlatados

peanut butter
la mantequilla de cacahuete

salt
la sal

cheese
el queso

apricots
los albaricoques

baby food
la comida para bebés

bread
el pan

jam
la mermelada

MEALTIME

The Pig family is having a special holiday meal. There is so much good food to enjoy! What do you see on the table that you would like to eat?

A LA HORA DE COMER

Hoy es un día de fiesta para la familia Cerdo. ¡Hay tanta comida rica para saborear! ¿Qué te gustaría comer de las cosas que ves sobre la mesa?

carving knife and fork
el cuchillo y el tenedor para trinchar

roast beef
el rosbif

meat platter
la fuente para carne

tablespoon
la cuchara

coffeepot
la cafetera

teapot
la tetera

saltshaker
el salero

pepper shaker
el pimentero

fork
el tenedor

dinner plate
el plato

glass
el vaso

cream pitcher
la jarrita para la crema

cup
la taza

knife
el cuchillo

spoon
la cucharita

saucer
el platito

napkin
la servilleta

sugar bowl
la azucarera

18

turkey
el pavo

cake
el pastel

milk pitcher
la jarra de leche

squash
la calabacita

baked potatoes
las papas al horno

green beans
las habichuelas

gelatine
la gelatina

cranberry sauce
la salsa de arándanos agrios

mashed potatoes
el puré de papas

beets
la remolacha

onions
las cebollas

ice cream
el helado

peas
los chícharos

butter
la mantequilla

steak
el bistec de res

soup
la sopa

pie
la tarta

salad
la ensalada

rye bread
el pan de centeno

white bread
el pan blanco

rolls
los pancitos

19

smokestack
la chimenea

submarine
el submarino

stern
la popa

ocean liner
el transatlántico

bow
la proa

police boat
el barco patrulla

barge
la barcaza

tugboat
el remolcador

ferryboat
el transbordador

pirate ship
el barco de piratas

BOATS AND SHIPS

One of the things in the water is not a boat, but it helps boats find the place they want to go. Do you know what it is?

LOS BOTES Y LOS BARCOS

Una de las cosas que hay en el agua no es un bote, pero sirve para que los botes se puedan dirigir al lugar a donde quieren ir. ¿Sabes qué cosa es?

motorboat
el bote a motor

canoe
la canoa

kayak
el kayak

paddle
el remo de paleta

rowboat
el bote de remos

oar
el remo

freighter
el buque de carga

lightship
el buque faro

AMBROSE

CG-7

coast guard ship
el barco de la guardia costera

oiltanker
el petrolero

fireboat
el barco de bomberos

F.D.

fishing nets
las redes para pescar

fishing trawler
el barco pesquero

sport-fishing boat
el bote de pesca deportiva

speedboat
la lancha de carreras

houseboat
la casa flotante

raft
la balsa

The White Swan
El cisne blanco

sailboat
el velero

light buoy
la boya luminosa

21

KEEPING HEALTHY

Your doctors and your dentist are your good friends. They want you to stay healthy and strong. Will you give your doctors and dentist a big smile the next time you see them? How big a smile can you smile?

NUESTRA SALUD

Tus doctores y tu dentista son muy buenos amigos tuyos. Quieren que te mantengas saludable y fuerte. La próxima vez que vayas a verlos, ¿les sonreirías con muchas ganas? ¿Puedes mostrarme una sonrisa bien linda?

stethoscope
el estetoscopio

thermometer
el termómetro

gauze bandage
la venda de gasa

adhesive tape
la cinta adhesiva

cotton balls
el algodón

plastic bandage for small cuts and hurts
la curita para pequeños cortes y lastimaduras

scissors
las tijeras

tweezers
las pinzas

tongue depressor for looking down throats
el depresor para mirar la garganta

flashlight
la linterna

aspirin
la aspirina

pills
las píldoras

medicine
el medicamento

rubber hammer to make legs kick
el martillo de goma para revisar los reflejos de las piernas

toothbrush
el cepillo de dientes

toothpaste
la pasta de dientes

tooth
el diente

tooth with a cavity
el diente con caries

record chart to show where any cavities have been found
el cuadro para indicar dónde se han encontrado caries

The X-ray machine can look inside your tooth to see if anything is wrong with it.
La máquina de rayos X puede mirar dentro de tu diente y ver si tiene algo mal.

dental tools
los instrumentos dentales

scale
la báscula

hurt tail
*la cola
lastimada*

The doctor listens to your heart.
El doctor escucha tu corazón.

doctor
el doctor

patient
el paciente

eye chart
*la tabla para medir
agudeza visual*

eye doctor
la oculista

The eye doctor tests
your eyes.
*La oculista revisa
tus ojos.*

dental engine
la máquina dental

rinse bowl
*el lavabo
para
ajuagarse*

water cup
*el vaso
de agua*

instrument table
*la mesa para los
instrumentos*

dentist
el dentista

dental unit
el equipo dental

dentist's chair
la silla del dentista

dental hygienist
el higienista dental

The dentist looks for cavities and the dental
hygienist explains how to care for your teeth.
*El dentista se fija si tienes caries y el higienista
dental te explica cómo debes cuidar tu boca.*

23

THE BEAR TWINS GET DRESSED

Kenny Bear awakens one cold, frosty morning.
He wants to dress very warmly before going outside.
He yawns and gets up out of bed. He takes off his pajamas,
folds them, and puts them in a dresser drawer.
What should he wear today to keep warm?

LOS OSOS MELLIZOS SE VISTEN

El oso Kenny se despierta una fría, helada mañana.
Quiere vestirse bien abrigado antes de salir.
Bosteza y se levanta de la cama. Se quita el pijama,
lo dobla y lo pone en el cajón de la cómoda.
¿Qué debería ponerse hoy para estar calentito?

pajama bottom
*los pantalones
del pijama*

pajama top
la camisa del pijama

slippers
las pantuflas

He puts on his
Se pone

undershorts
el calzoncillo

T-shirt
la camiseta

cap
la gorra

shirt
la camisa

pants
los pantalones

overalls
el overol

necktie
la corbata

sweater
el suéter

socks
los calcetines

hat
el gorro

scarf
la bufanda

sneakers
los tenis

gloves
los guantes

jacket
la chaqueta

overcoat
el abrigo

raincoat
el impermeable

and rainhat.
*y el sombrero
para la lluvia.*

As Kenny is walking out of the front door, his father says,
"Don't forget to put your boots on!"

Cuando Kenny está saliendo por la puerta del frente,
su padre le dice: "¡No te olvides de ponerte las botas!"

boots
las botas

Kathy Bear stretches hard before she gets out of bed.
She takes off her nightgown and hangs it on the hook in her closet.
What do you think Kathy should wear today to keep warm?

La osa Kathy se estira bien antes de salir de la cama.
Se quita el camisón y lo cuelga en el gancho de su clóset.
¿Qué te parece que debería ponerse Kathy hoy para estar calentita?

night gown
el camisón

She puts on her
Se pone

underpants
los calzones

undershirt
la camiseta interior

hair ribbon
la cinta para el cabello

blouse
la blusa

skirt
la falda

sweater
el suéter

kneesocks
los calcetines largos

ear muffs
las orejeras

shoes
los zapatos

snowsuit
el traje para la nieve

and mittens.
y los mitones.

She puts her change purse
Pone el monedero

into her backpack.
en la mochila.

As Kathy is walking out of the front door,
her mother says, "Don't forget to put your boots on!"

Cuando Kathy está saliendo por la puerta del frente,
su madre le dice: "¡No te olvides de ponerte las botas!"

Do you ever forget to put on your boots?
¿Tú te olvidas de ponerte las botas?

25

deer
el ciervo

lion
el león

elephant
el elefante

tiger
el tigre

panda
el panda

monkeys
los monos

polar bear
el oso polar

brown bear
el oso pardo

gorilla
el gorila

buffalo
el búfalo

camel
el camello

zebra
la cebra

zookeeper
el cuidador

giraffe
la jirafa

sea lion
el lobo marino

leopard
el leopardo

zoo train
el tren del zoológico

The veterinarian makes sure all the animals are healthy. *La veterinaria se asegura de que todos los animales estén saludables.*

AT THE ZOO

Mr. and Mrs. Mouse took their children to the zoo. How will those children be able to get all of those balloons into their house tonight? Which is your favorite animal at the zoo?

EN EL ZOOLÓGICO

El señor y la señora Ratón llevaron a sus hijos al zoológico. ¿Cómo harán esos niños para meter todos esos globos en su casa esta noche? ¿Cúal es tu animal preferido del zoológico?

rhinoceros
el rinoceronte

balloon seller
el vendedor de globos

hippopotamus
el hipopótamo

27

BOOK PUBLISHER
CASA EDITORIAL

COSTUMES
DISFRACES

NEWSPAPER OFFICE
OFICINA DEL PERIÓDICO

Dancing School
Academia de baile

Bookstore
Librería

DRUGSTORE
FARMACIA

skycraper
el rascacielos

antenna
la antena

water tank
el tanque de agua

church
la iglesia

traffic light
el semáforo

apartment building
el edificio de apartamentos

telephone booth
la cabina telefónica

mailbox
el buzón

book reader
el lector de libros

mail truck
la camioneta del correo

mailman
el cartero

street
la calle

fire hydrant
la bomba de agua

IN THE CITY

Mouse has just bought a book at the bookstore. She is going to buy
a newspaper and then join her rabbit friends at the sidewalk cafe
and drink some lemonade with them. Show with your finger the
way she will go. Remember to have her look both ways before she
crosses a street.

EN LA CIUDAD

*Ratona acaba de comprar un libro en la librería. Va a comprar un periódi-
co y luego se va a encontrar con sus amigos conejitos en el café al aire
libre para tomar una limonada con ellos. Indica con tu dedo cuál es el
camino que ella tomará. Recuerda pedirle que mire a ambos lados antes
de cruzar una calle.*

28

hotel
el hotel

street sign
el cartel de la calle

park
el parque

park bench
el banco del parque

sidewalk
la acera

statue
la estatua

manhole
la boca de alcantarilla

taxi
el taxi

RESTAURANT
RESTAURANTE

sidewalk cafe
el café al aire libre

barbershop
la peluquería

traffic officer
el agente de tránsito

police car
la patrulla

THEATER
TEATRO

NOW PLAYING
EN FUNCIÓN

BUS STOP

TAXI STAND

SUBWAY
METRO

bus
el autobús

PARADA
DE AUTOBÚS

PARADA
DE TAXIS

subway station
la estación del metro

token seller
el vendedor de fichas

subway entrance
la entrada al metro

newspapers
los periódicos

newsstand
el kiosco

29

radio tower
la torre de radio

A DRIVE IN THE COUNTRY
There are many things to see when you take a drive in the
country. Can you see Harry and Sally, the mountain climbers?
Can you see what Harry has dropped from his knapsack?

UN PASEO EN EL CAMPO
Hay muchas cosas que ver cuando das un paseo por el
campo. ¿Puedes ver a los alpinistas Harry y Sally? ¿Puedes
ver qué se le cayó de la alforja a Harry?

ocean
el océano

island
la isla

factory
la fábrica

gas station
la gasolinera

lake
el lago

tunnel
el túnel

gas pump
el surtidor

tollbooth
la caseta de peaje

turnpike or superhighway
la carretera o autopista

brook
el arroyuelo

bridge
el puente

farm
la granja

mill
el molino

stream el arroyo

waterfall
la cascada

picnic area
el área para comer

lighthouse
el faro

fire lookout tower
la torre de observación
de incendios

beach
la playa

crane
la grúa

bay
la bahía

seaport
el puerto de mar

woods
el monte

drawbridge
el puente levadizo

hill
la colina

tug
el remolcador

village
el pueblo

mountain
la montaña

windmill
el molino de viento

river
el río

pond
la laguna

log cabin
la cabaña

mountain
climbers
los alpinistas

road
el camino

forest
el bosque

knapsack
la alforja

cliff
el precipicio

apple
la manzana

31

HOLIDAYS

Holidays are happy times, aren't they?
Which holiday do you like best? I bet you like them all.
On holidays we visit friends and relatives.
Sometimes we give or get presents.
What would you like to get for your birthday?

LOS DÍAS DE FIESTA

En los días de fiesta estamos muy contentos, ¿verdad?
¿Cuál es el día de fiesta que más te gusta?
Estoy seguro de que te gustan todos.
En los días de fiesta visitamos a amigos y parientes.
A veces hacemos o recibimos regalos.
¿Qué te gustaría que te regalaran para tu cumpleaños?

horn
la corneta

New Year's Day
Año nuevo

St. Valentine's Day
Día de San Valentín

Easter
Pascua

Easter egg
el huevo de Pascua

Easter bunny
el conejito de Pascua

Easter chick
el pollito de Pascua

balloons
los globos

rattle
la matraca

cake
el pastel

ice cream
el helado

Birthday
el cumpleaños

flag
la bandera

National Holiday
Fiesta nacional

bugle
el clarín

fireworks
los fuegos artificiales

bass drum
el bombo

drum
el tambor

flute
la flauta

uniform
el uniforme

32

ghost
el fantasma

Halloween
Halloween

moon
la luna

witch
la bruja

skeleton
el esqueleto

black cat
el gato negro

witch broom
la escoba de la bruja

pumpkin
la calabaza

Chanukah
Chanukah

trick-or-treat bag
la bolsa para las golosinas

angel
el ángel

menorah
la menorah

candle
la vela

wreath
la corona

holly
el acebo

Christmas
Navidad

Christmas tree
el árbol de Navidad

ornaments
los adornos

tree lights
las lucecitas del árbol

beard
la barba

stockings
las medias para regalos

fireplace
la chimenea

bag
la bolsa

Santa Claus
Papá Noel

present
el regalo

33

AT SCHOOL

School is fun. There are so many things we learn to do. Kathy Bear is learning how to find a lost mitten.

EN LA ESCUELA

La escuela es divertida. Hay tantas cosas que aprendemos a hacer. La osa Kathy está aprendiendo a buscar un mitón que se le perdió.

pencil
el lápiz

fountain pen
la pluma estilográfica

ball-point pen
el bolígrafo

pencil sharpener
el sacapuntas

notebook
el cuaderno de notas

paper
el papel

chalk
la tiza

straw
la pajita

ink
la tinta

chalkboard eraser
el borrador de tiza

eraser
la goma para borrar

milk
la leche

cookies
las galletas

scissors
las tijeras

string
el cordel

yarn
el estambre

paper clip
el clip

paste
el engrudo

workbook
el cuaderno

storybook
el libro de cuentos

thumbtacks
las tachuelas

modeling clay
la plastilina

lost-clothing drawer
el cajón de la ropa perdida

flag
la bandera

clock
el reloj

bell
la campana

chalkboard
el pizarrón

calendar
el calendario

JANUARY

teacher
la maestra

a b c

el perro

cat dog

el gato

inkwell
el tintero

map
el mapa

map stand
el soporte del mapa

wastebasket
la papelera

pupil
el alumno

desk
el escritorio

artist
la dibujante

classroom
el salón de clase

music teacher
el maestro de música

paper shapes
las figuras de papel

35

refrigerator
el refrigerador

kitchen cabinet
el armario de la cocina

doorknob
la perilla

soap
el jabón

teapot
la tetera

electrical outlet
el tomacorriente

counter
la barra

freezer
el congelador

dishwasher
la máquina lavaplatos

garbage pail
el bote de basura

washing machine
la lavadora

eggbeater
el batidor de huevos

Father Pig
Papá Cerdo

eggshell
la cáscara de huevo

stool
el banco

Annie Pig
la cerdita Annie

laundry basket
el canasto de la ropa para lavar

measuring cup
la taza para medir

mixing bowl
el tazón para batir

batter spoon
la cuchara para mezclar

rolling pin
el rodillo

strainer
el colador

Susan Pig
la cerdita Susan

funnel
el embudo

cookie cutter
el cortador de galletas

dough
la masa

Peter Pig
el cerdito Peter

cake pan
el molde para pastel

cookie tray
la bandeja para hornear galletas

ketchup bottle
la botella de la salsa de tomate

spatula
la espátula

flour bin
el recipiente para la harina

sugar bowl
la azucarera

mustard jar
el frasco de la mostaza

36

closet
el clóset

feather duster
el plumero

dustpan
la pala

mop
el trapeador

broom
la escoba

vacuum cleaner
la aspiradora

egg timer
el minutero para
cocinar huevos

shelf
el estante

flyswatter
el matamoscas

Mother Pig
Mamá Cerdo

hood
la campana de la estufa

coffeepot
la cafetera

burner
el quemador

teakettle
la tetera

stove
la estufa

oven
el horno

iron
la plancha

ironing board
la tabla de planchar

IN THE KITCHEN

All the Pigs like to work in the kitchen. They are making good things to eat.
What is Father Pig making? What is Mother Pig putting into the oven?

EN LA COCINA

A todos los cerditos les gusta trabajar en la cocina. Están preparando
cosas ricas de comer. ¿Qué está haciendo Papá Cerdo?
¿Qué está poniendo en el horno Mamá Cerdo?

teaspoon
la cucharita

tablespoon
la cuchara

soup spoon
la cuchara para la sopa

double boiler
la caccola para el baño María

blender
la licuadora

pestle
la mano

toaster
la tostadora

corkscrew
el sacacorcho

ladle
el cucharón

colander
el colador

mortar
el mortero

saucepan
la olla

potato masher
la puretera

saltshaker
el salero

matches
los fósforos

cutting board
la tabla para
cortar

measuring spoons
las cucharas para medir

pepper grinder
el molinillo para la pimienta

electric mixer
la batidora eléctrica

cookbook
el libro de cocina

carving fork and knife
el tenedor y el cuchillo para trinchar

37

WHEN YOU GROW UP

What would you like to be when you are bigger? Would you like to be a good cook like your father? Would you like to be a doctor or a nurse? What would you like to be?

CUANDO CREZCAS

¿Qué te gustaría ser cuando seas más grande? ¿Te gustaría ser un buen cocinero como tu papá? ¿Te gustaría ser doctor o enfermero? ¿Qué te gustaría ser?

police officer
el agente de policía

fire fighter
el bombero

sailor
el marinero

nurse
la enfermera

taxi driver
el taxista

farmer
el granjero

gardener
el jardinero

doctor
el doctor

carpenter
el carpintero

musician
el músico

scientist
el científico

secretary
la secretaria

baker
el panadero

dentist
el dentista

good cook
el buen cocinero

singer
la cantante

artist
el pintor

pilot
el piloto

fisherman
el pescador

truck driver
el camionero

teacher
el maestro

garage mechanic
el mecánico

reporter
el reportero

photographer
la fotógrafa

storekeeper
el empleado de la tienda

judge
el juez

librarian
la bibliotecaria

dancer
la bailarina

daddy
el papá

mommy
la mamá

THINGS WE DO

There are many things that we can do. And there are some things we cannot do. What is one thing we can't do? Look and see.

LAS COSAS QUE HACEMOS

Hay muchas cosas que podemos hacer. Y hay algunas cosas que no podemos hacer. ¿Qué cosa no podemos hacer? Fíjate.

dig
cavar

blow
soplar

sleep
dormir

awaken
despertar

build
construir

break
romper

walk
caminar

run
correr

stand
estar parados

sit
estar sentados

read
leer

watch
mirar

draw and write
dibujar y escribir

40

pull
jalar

push
empujar

kick
patear

talk
hablar

listen
escuchar

shout
gritar

whisper
murmurar

eat
comer

laugh
reír

smile
sonreír

cry
llorar

drink
beber

jump over
saltar sobre algo

crawl under
arrastrarnos debajo de algo

fall down
caernos

peek
mirar a hurtadillas

we can't fly
no podemos volar

tip a hat
saludar con el sombrero

go up
subir

go down
bajar

go in
entrar

come out
salir

WORK MACHINES

Busy, busy, busy bears. Most of the bears are busy moving dirt with their machines. But there is one bear who has a machine which does something else to the dirt. Which bear is it? What is she doing?

LAS MÁQUINAS PARA TRABAJAR

Los osos están muy muy muy ocupados. La mayoría de los osos están ocupados moviendo tierra con sus máquinas. Aunque hay un oso que tiene una máquina que le hace otra cosa a la tierra. ¿Cuál es ese oso? ¿Qué está haciendo?

bulldozer
la niveladora

shovel
la pala

dump trailer
el remolque

tractor scraper
el tractor rastreador

tractor shovel
la pala mecánica

dump truck
el camión de volteo

bucket loader
la cargadora de cucharón

dirt
la tierra

roller
la aplanadora

rough dirt
la tierra desigual

smooth dirt
la tierra lisa

and tractor
y el tractor de volteo

automobile carrier
el transportador de automóviles

GASOLINE
GASOLINA

gasoline truck
el camión de gasolina

milk truck
el camión repartidor de leche

broken-down car
*el auto
descompuesto*

A

motorcycle
el motocicleta

tow truck
el camión grúa

taxi
el taxi

sports car
el auto deportivo

TAXI

TAXI

44

Golden Wings Freight Line
EMPRESA DE TRANSPORTES ALAS DORADAS

trailer truck
el camión remolque

SANITATION ENGINEER

SERVICIO DE SANIDAD

garbage truck
el camión de la basura

CARS AND TRUCKS

Down the street go the cars and trucks. But look!
Some of the cars don't have drivers.
Which cars have no drivers?

AUTOS Y CAMIONES

Por la calle pasan autos y camiones. ¡Mira!
Algunos autos no tienen conductor.
¿Qué autos no tienen conductor?

boat trailer
el remolcador de botes

station wagon
la camioneta

motor scooter
la motoneta

antique car
el auto antiguo

SCHOOL BUS
AUTOBÚS ESCOLAR

School Bus
Autobús escolar

45

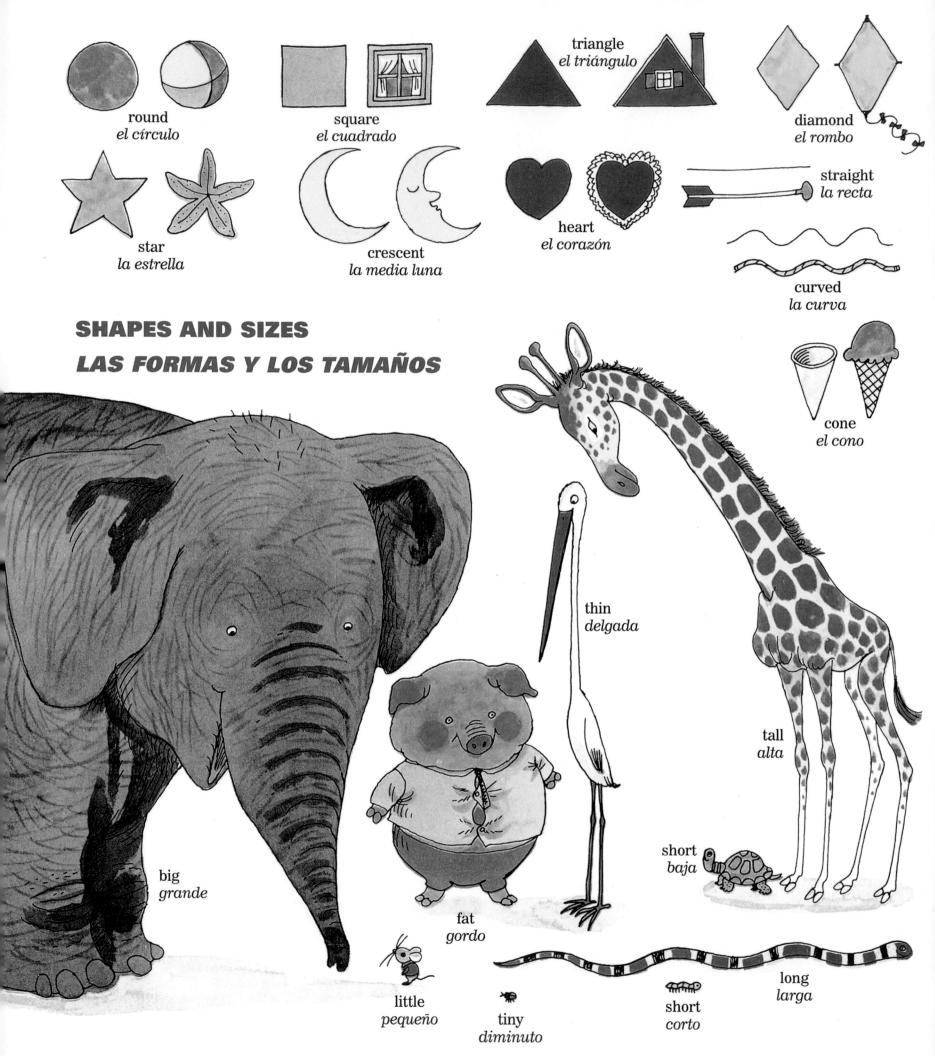

round
el círculo

square
el cuadrado

triangle
el triángulo

diamond
el rombo

star
la estrella

crescent
la media luna

heart
el corazón

straight
la recta

curved
la curva

SHAPES AND SIZES
LAS FORMAS Y LOS TAMAÑOS

cone
el cono

thin
delgada

tall
alta

short
baja

big
grande

fat
gordo

little
pequeño

tiny
diminuto

short
corto

long
larga

father
el padre

mother
la madre

grandmother
la abuela

THE BABY

The Cat family has a new baby kitten. They don't know what to name it. What would you like to name the new baby? Write the kitten's name here.

———— ———— ———— ———— ———— ———— ————

EL BEBÉ

La familia Gato tiene un nuevo gatito bebé.
No saben qué nombre ponerle.
¿Qué nombre te gustaría ponerle al nuevo bebé?
Escribe aquí el nombre del gatito.

———— ———— ———— ———— ———— ———— ————

uncle
el tío

rattle
el sonajero

bottle
el biberón

baby
el bebé

brother
el hermano

aunt
la tía

sister
la hermana

grandfather
el abuelo

diaper
el pañal

playpen
el corralito

cousin
el primo

high chair
la silla para comer

stroller
el cochecito

crib
la cuna

bassinet
la cunita de mimbre

play table
la mesa para jugar

walker
el andador

baby carriage
el cochecito del bebé

AT THE CIRCUS

The band is playing and the animals are doing
their acts. What do you like to watch best at the circus?

EN EL CIRCO

La banda está tocando música y los animales están actuando.
¿Qué es lo que más te gusta mirar en el circo?

balancing pole
el palo para hacer equilibrio

tightrope performer
el acróbata de la cuerda floja

tent pole
el poste de la carpa

tightrope
la cuerda floja

band
la banda

bareback rider
la jineta a pelo

rope ladder
la escalera de cuerdas

bandstand
el tablado de la banda

circus horse
el caballo del circo

performing elephant
el elefante acróbata

ring
la arena

ringmaster
el maestro de ceremonias

trick dog
el perro haciendo gracias

clown
el payaso

48

pennant
el banderín

circus tent
la carpa del circo

trapeze
el trapecio

trapeze artist
el trapecista

safety net
la red protectora

acrobat
la acróbata

ticket seller
el vendedor de entradas

hoop
el aro

lion
el león

whip
el látigo

cage
la jaula

juggler
el malabarista

lion tamer
el domador de leones

trained sea lion
el lobo marino entrenado

balloon seller
el vendedor de globos

popcorn seller
la vendedora de palomitas de maíz

EDDIE

THE FIRE FIGHTERS TO THE RESCUE

Will the brave fire fighters put out the fire in time?
I think so, don't you?

LOS BOMBEROS AL RESCATE

*¿Podrán los valientes bomberos apagar a tiempo el incendio?
Yo creo que sí, ¿y tú?*

rescue truck
el camión de rescate

police car
la patrulla

nozzle
la boquilla de la manguera

rear-wheel steerer
el conductor trasero

fire engine
el camión de bomberos

hose
la manguera

hook-and-ladder truck
*el camión de gancho y
escalera*

ladder
la escalera

front-wheel steerer
*el conductor
delantero*

boots
las botas

hook
el gancho

helmet
el casco

first-aid kit
*el equipo de
primeros auxilios*

bell
la campana

50

ambulance
la ambulancia

flames
las llamas

water
el agua

fire chief
el jefe de bomberos

megaphone
el altoparlante

cat in danger
el gato en peligro

fire chief's car
el auto del jefe de bomberos

pumper
el camión-bomba

fire fighter
el bombero

fire hydrant
la bomba de agua

ladder
la escalera

fire fighters
los bomberos

rescue net
la red de salvamento

fire fighter
el bombero

fire extinguisher
el extintor
de incendios

51

bell

whistle el silbato

la campana

TRAINS

Which train do you think would be the most fun to run? Would it be a freight train or a passenger train?

LOS TRENES

¿En qué tren te parece que será más divertido viajar? ¿En un tren de carga o en un tren de pasajeros?

steam locomotive and tender
la locomotora de vapor y el maquinista

boxcar
el furgón

signal tower
la torre de señales

lantern
el farol

caboose
el furgón de cola

flatcar
la plataform

handcar
la zorrilla

railroad station
la estación de ferrocarril

dining car
el coche-comedor

platform
la plataforma

conductor
el conductor

baggage wagon
el carro portaequipaje

52

freight train
el tren de carga

bumper
el tope

tracks
las vías

gondola car
el vagón de medio cajón

piggyback car
la plataforma para transportar vagones

tank car
el vagón cisterna

switch
la palanca de maniobras

railroad track
la vía del ferrocarril

ties
los durmientes

coal
el carbón

horn
la bocina

coal car
el vagón del carbón

diesel switcher
la locomotora diesel de maniobras

passenger train
el tren de pasajeros

dicscl strcamlincr
el tren aerodinámico de diesel

coach
el vagón común de pasajeros

711

rail
el carril

crossing gate
la barrera de cruce

spike
la escarpia

53

AT THE BEACH

In the summertime it is fun to go to the beach.
What do you think Rabbit hears in the seashell?
Is it the sound of the waves?

EN LA PLAYA

En el verano es divertido ir a la playa.
¿Qué crees que está escuchando Conejo en la caracola?
¿Es el sonido de las olas?

telescope
el telescopio

lighthouse
el faro

summer cottage
la casita de veraneo

oar
el remo

anchor
el ancla

beach toy
el juguete para la playa

shovel
la pala

rowboat
el bote de remos

sandpiper
el aguzanieves

sand castle
el castillo de arena

waves
las olas

skate
la raya

bluefish
la anjova

oyster
la ostra

lobster
la langosta

sea purse
*la bolsa de
huevos de raya*

scallop
el ostión

hermit crab
*el cangrejo
ermitaño*

clam
la almeja

54

sea gull
la gaviota

umbrella
la sombrilla

sun
el sol

pavilion
el pabellón

flagpole
el mástil para
banderas

sand dune
las dunas

lifeguard
el salvavidas

boardwalk
el caminito de madera

beach grass
la hierba de la playa

stairs
la escalera

seashell
la caracola

beach chair
la silla de playa

bathhouse
los baños

starfish
la estrella de mar

sand fort
el fuerte de arena

waves
las olas

minnow
el piscardo

horseshoe crab
el cangrejo bayoneta

shrimp
el camarón

crab
el cangrejo

flounder
el lenguado

seaweed
el alga marina

mussel
el mejillón

55

MAKING THINGS GROW

Everyone is working in the garden. Mr. Crow has a seed in his mouth. Do you think he will plant it? Or will he eat it?

PARA QUE LAS COSAS CREZCAN

Todos están trabajando en la huerta. El señor Cuervo tiene una semilla en su boca. ¿Crees que la plantará? ¿O se la comerá?

faucet
la llave
de agua

nozzle
la boquilla
de la manguera

hose
la manguera

gardener
el jardinero

string
la cuerda

hoe
la azada

seed row   el surco para las semillas

stake
la estaca

rake
el rastrillo

stones
las piedras

pitch fork
el tridente

spade
la pala recta

seeds
las semillas

handle
el mango

seedlings   las plantas de semillero

cornstalk
el tallo del maíz

tomato plants
las plantas de
tomate

ear of corn
la mazorca
del maíz

fertilizer cart
la esparcidora de fertilizante

56

THE WEATHER

When we go outdoors we see what the weather is like. Sometimes it is sunny. Sometimes it is cloudy. It can be windy, or cold, or hot. It can be snowing or raining. What was the weather like outdoors today? What is your favorite kind of weather?

EL TIEMPO

Cuando salimos afuera vemos cómo está el tiempo. A veces está soleado. A veces está nublado. Puede soplar viento, o hacer frío o calor. Puede estar nevando o lloviendo. ¿Cómo estaba el tiempo hoy? ¿A ti cómo te gustan los días?

sun
el sol

cloud
la nube

rain
la lluvia

lightning
el rayo

hail
el granizo

snowflakes
los copos de nieve

thermometer
el termómetro

rainbow
el arco iris

windmill
el molino de viento

wind
el viento

foxtail grass
la planta rabo de zorra

raindrops
las gotas de lluvia

hat
el sombrero

toad
el sapo

toadstool
el hongo

ladybug
la mariquita

a cat chasing a hat
*un gato persiguiendo a
un sombrero*

puddle
el charco

mud
el barro

kite
la cometa

rain shower
la llovizna

plow
el arado

robin
el petirrojo

buds
los brotes

nest
el nido

tree
el árbol

SPRING

Look at that baby lamb hop! It is spring. She is happy.
Look at Mr. Bear coming out of his cave! It is spring.
He is happy. Now he can use his new lawn mower.

LA PRIMAVERA

¡Mira cómo brinca ese corderito! Ya llegó la primavera.
Está feliz. ¡Mira al señor Oso saliendo de su cueva! Ya
llegó la primavera. Está feliz. Ahora puede usar su
nueva cortadora de césped.

lamb
el cordero

bush
el arbusto

bridge
el puente

brook
el arroyuelo

fern
el helecho

turtle
la tortuga

roots
las raíces

cave
la cueva

spring peeper
la rana arborícola

pussy willow
el sauce blanco

daffodil
el narciso

lawn mower
la cortadora de césped

crocus
el azafrán

violets
las violetas

cow
la vaca

meadow
la pradera

calf
el ternero

cornfield
el maizal

station wagon
la camioneta

fence
la cerca

SUMMER

Do you like to go on picnics in the summertime?
Ants just love to go to picnics. Do you know why?

EL VERANO

¿Te gusta ir de día de campo en el verano?
A las hormigas les encanta hacerlo. ¿Sabes por qué?

fly
la mosca

screen
la pantalla

tent
la carpa

cooking grill
la parrilla

picnic basket
la canasta para el
día de campo

cooler
la refrigeradora

charcoal
el carbón

hamburger
la hamburguesa

ketchup
la salsa de tomate

charcoal bag
la bolsa de carbón

hotdog
la salchicha

pickle
el pepinillo
encurtido

mosquito
el mosquito

paper cup
el vaso desechable

pole
el palo

mustard
la mostaza

rock
la roca

ants
las hormigas

bobber
el flotador

cattails
las espadañas

pond
la laguna

frog
la rana

dock
el muelle

water lily
el nenúfar

dragonfly
la libélula

pebbles
las piedrecillas

stones
las piedras

sun
el sol

duck
el pato

falling leaves
las hojas secas

gate
el portón

stone wall
el muro de piedras

corn shock
la pila de maíz

nuts
las nueces

pumpkin
la calabaza

roadside stand
el puesto a la orilla del camino

cider
el jugo de manzana

indian corn
el maíz

jelly
la jalea

FALL

In the fall the air gets colder. The green leaves turn to bright colors. Then they fall to the ground.

EL OTOÑO

En el otoño el aire se enfría. Las hojas verdes toman colores brillantes. Luego se caen al suelo.

squash
las calabacitas

basket of apples
el canasto de manzanas

smoke
el humo

flames
las llamas

turkey
el pavo

rake
el rastrillo

leaves
las hojas

bonfire
la fogata

60

snowstorm
la tormenta de nieve

WINTER

There are many ways to have fun on the snow and ice.
Maybe you would like to do all of them. Would you?

EL INVIERNO

*Hay muchas maneras de divertirse en la nieve y en el
hielo. Tal vez a ti te gustaría hacer todas estas cosas,
¿verdad?*

sleigh
el trineo de caballos

icicle
el carámbano

sled
el trineo

fishing shack
*la choza para
pescar*

skis
los esquíes

snow
la nieve

toboggan
el tobogán

ice fishing
la pesca en el hielo

ice-skating rink
*la pista de patinaje
sobre hielo*

ice skater
*el patinador
sobre hielo*

snowball
la bola de nieve

ice skates
*los patines
para hielo*

puck
el disco

hockey stick
*el bastón de
hockey*

spare tire
*la llanta de
repuesto*

scarf
la bufanda

jeep
el jeep

snowplow
el quitanieve

a pig all wrapped up
un cerdito bien abrigado

snowman
*el muñeco de
nieve*

61

LITTLE THINGS

Here are many little things. What little thing do you sometimes put on your bedroom wall?

COSAS PEQUEÑAS

Hay muchas cosas pequeñas. ¿Qué cosa pequeña pones a veces en la pared de tu dormitorio?

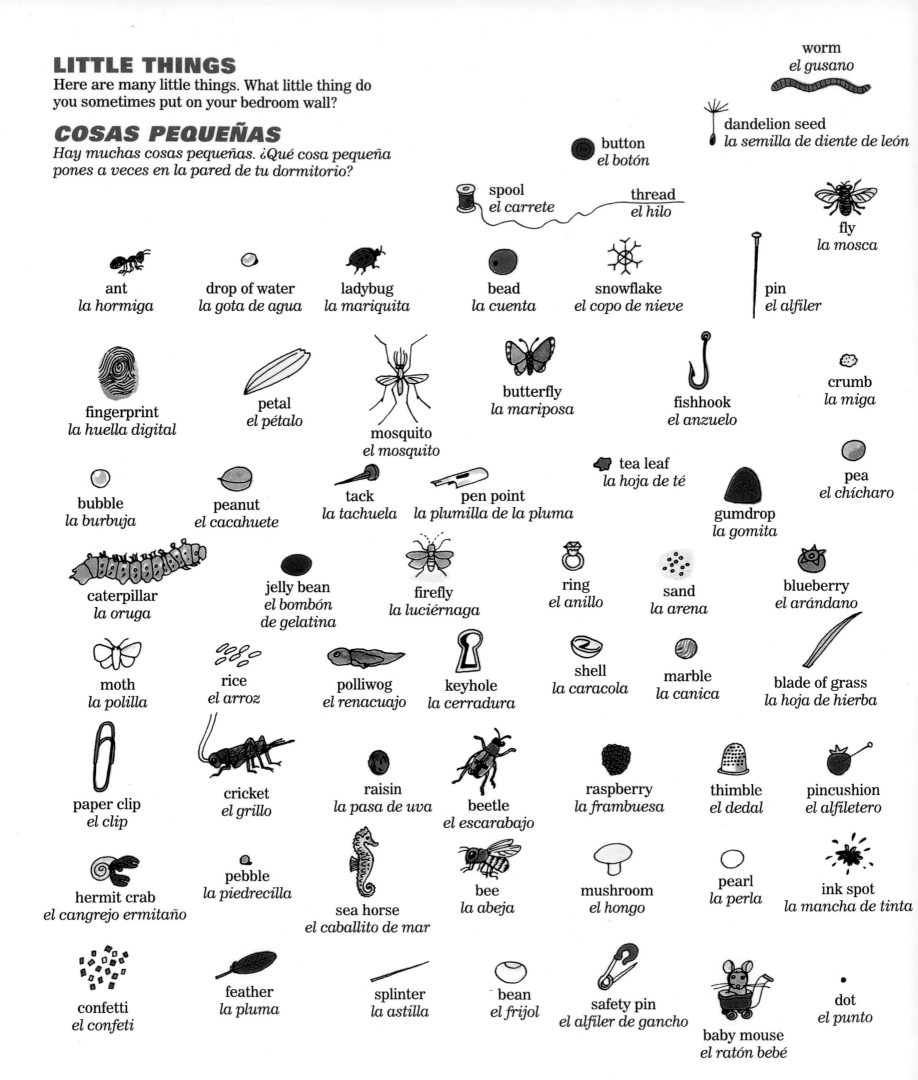

worm
el gusano

dandelion seed
la semilla de diente de león

button
el botón

spool
el carrete

thread
el hilo

fly
la mosca

ant
la hormiga

drop of water
la gota de agua

ladybug
la mariquita

bead
la cuenta

snowflake
el copo de nieve

pin
el alfiler

fingerprint
la huella digital

petal
el pétalo

mosquito
el mosquito

butterfly
la mariposa

fishhook
el anzuelo

crumb
la miga

bubble
la burbuja

peanut
el cacahuete

tack
la tachuela

pen point
la plumilla de la pluma

tea leaf
la hoja de té

pea
el chícharo

gumdrop
la gomita

caterpillar
la oruga

jelly bean
el bombón
de gelatina

firefly
la luciérnaga

ring
el anillo

sand
la arena

blueberry
el arándano

moth
la polilla

rice
el arroz

polliwog
el renacuajo

keyhole
la cerradura

shell
la caracola

marble
la canica

blade of grass
la hoja de hierba

paper clip
el clip

cricket
el grillo

raisin
la pasa de uva

beetle
el escarabajo

raspberry
la frambuesa

thimble
el dedal

pincushion
el alfiletero

hermit crab
el cangrejo ermitaño

pebble
la piedrecilla

sea horse
el caballito de mar

bee
la abeja

mushroom
el hongo

pearl
la perla

ink spot
la mancha de tinta

confetti
el confeti

feather
la pluma

splinter
la astilla

bean
el frijol

safety pin
el alfiler de gancho

baby mouse
el ratón bebé

dot
el punto

PARTS OF THE BODY

Bears use their paws to pick things up. What do you use?

LAS PARTES DEL CUERPO

Los osos usan sus garras para recoger las cosas.
¿Qué usas tú?

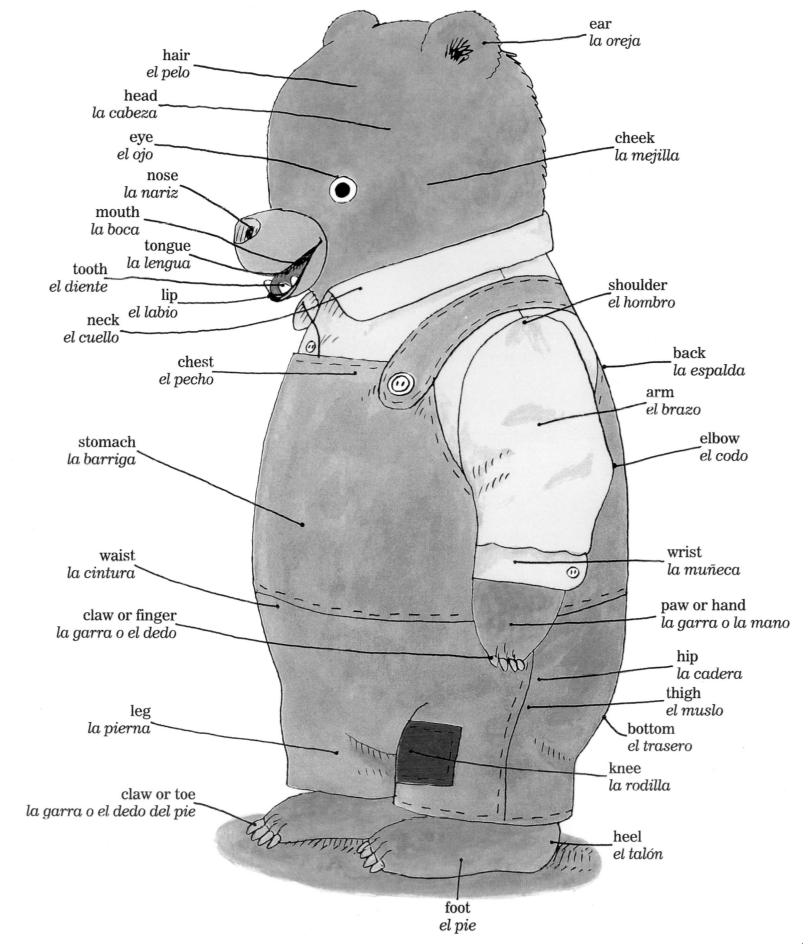

ear
la oreja

hair
el pelo

head
la cabeza

eye
el ojo

cheek
la mejilla

nose
la nariz

mouth
la boca

tongue
la lengua

tooth
el diente

lip
el labio

neck
el cuello

shoulder
el hombro

chest
el pecho

back
la espalda

arm
el brazo

elbow
el codo

stomach
la barriga

waist
la cintura

wrist
la muñeca

claw or finger
la garra o el dedo

paw or hand
la garra o la mano

hip
la cadera

thigh
el muslo

leg
la pierna

bottom
el trasero

knee
la rodilla

claw or toe
la garra o el dedo del pie

heel
el talón

foot
el pie

BEDTIME

Little Elephant is getting ready for bed. But who is that hiding under the bed? Find that rascal and tell her to brush her teeth and get ready for bed, too.

LA HORA DE DORMIR

Elefantito se está preparando para ir a la cama. Pero, ¿quién está escondida bajo la cama? Vé a buscar a esa pícara y dile que también ella se cepille los dientes y se prepare para ir a la cama.

ceiling
el techo

wall
la pared

picture hook
el gancho para colgar cuadros

Mommy
mami

moon
la luna

stars
las estrellas

picture
el cuadro

book
el libro

365 BEDTIME STORIES

365 CUENTOS PARA IR A LA CAMA

pillow
la almohada

blanket
la manta

toy friend
el juguete amigo

sheet
la sábana

night table
la mesita de luz

el agu

bedroom
el dormitorio

bed
la cama

rug
la alfombra

64